AF279253

Peter Smile

APULEYO EDICIONES   FOMENTO DE VALORES   CUENTOS ILUSTRADOS

UN CAMALEÓN ENTRE UN MONTÓN

APULEYO EDICIONES   FOMENTO DE VALORES   CUENTOS ILUSTRADOS

¡¡Esta es la historia de un camaleón
que nació entre un montón!!
Nunca lo pudieron ver... Ya que no
sabía aparecer.

Sus hermanos no lo vieron.
Su mamá no lo vió y, aunque todos
lo buscaron, el pequeño se perdió.

Todos se marcharon de aquel lugar para
encontrar un buen sitio y,
así, formar su hogar.

Por el bosque andaba mientras a su familia buscaba.

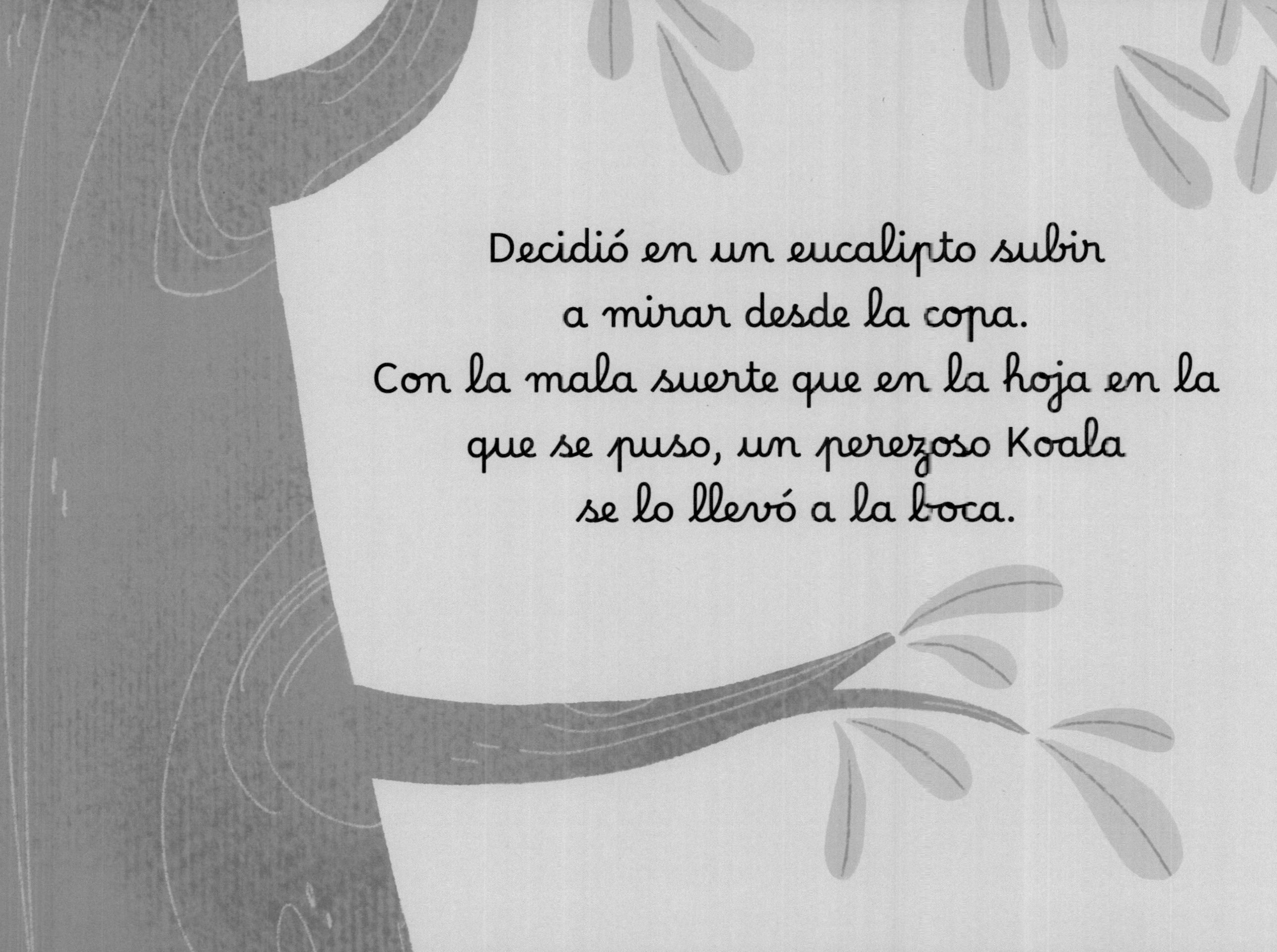

Decidió en un eucalipto subir
a mirar desde la copa.
Con la mala suerte que en la hoja en la
que se puso, un perezoso Koala
se lo llevó a la boca.

Al notar en el paladar algo duro y raro,
escupió con rapidez aquel desagrado.

Pegajoso y babeado, siguió su camino. Y tras un rato, en una roca se detuvo a descansar.

Sin llegarse ni a imaginar que las posaderas de un enorme oso le llegarían a aplastar.

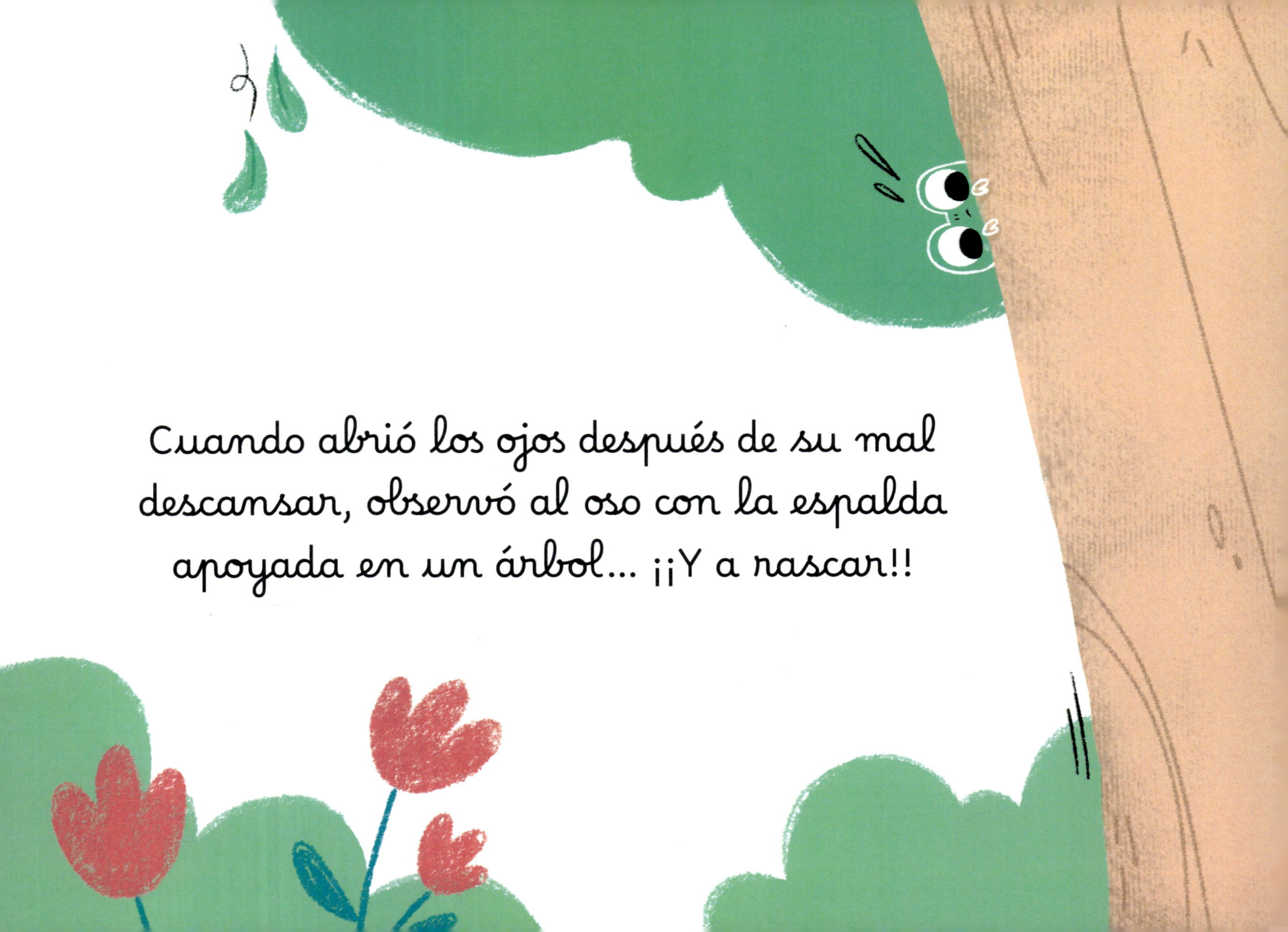

Cuando abrió los ojos después de su mal descansar, observó al oso con la espalda apoyada en un árbol... ¡¡Y a rascar!!

Cuando se pudo poner en pie,
aún cansado, rodó desde lo alto de la
piedra hacia un lado.
Cayó sobre una piscina de barro, quedando,
evidentemente, rebozado y pringado.

Pasito a pasito, se cruzó un estanque cercano.
Fue a limpiarse todo lo que se había ensuciado.

Al asomar su sucia carita al agua, pudo
ver, por primera, vez su reflejo,

que, poco a poco, se desfiguraba. Salió desde el
fondo, la cara de un sapo viejo.

Aún sucio y asustado, corrió
despavorido hacia el interior
del bosque colorido.

En una pendiente, con una rama tropezó, y...
rodando y rodando, al final, paró. Y mirando
a su alrededor descubrió que era un camaleón
entre un montón.

¡¡A su familia había encontrado y nunca más
se apartaría de su lado!!
Y de repente...

¡APARECIÓ!

¡¡CUENTO CONTADO,
CUENTO ACABADO!!

APULEYO
EDICIONES